DATE DUE

OCT 11 2016	
NOV 01 2016	
DEC 12 2016	
FEB 15 2017	
JUN 14 2017	
DEC 19 2017	
MAY 15 2018	
SEP 05 2018	
OCT 15 2018	
DEC 11 2018	
JAN 09 2019	
MAR 20 2019	
APR 17 2019	
AUG 29 2019	
OCT 24 2019	

Otros títulos de Finding My Way Books

Yo quiero ser como Joe Palomitas
Kaitlyn quiere ver patos
Marco y yo queremos jugar al béisbol
MyaGrace quiere hacer música

ISBN: 978-0-9964449-7-2

Yo no sé si quiero un perrito

Finding My Way Books

true stories of inclusion and the development of skills needed for self-determination

de Jo Meserve Mach y
Vera Lynne Stroup-Rentier

Fotografías de Mary Birdsell

Traducción de Karen Díaz-Anchante

Nuestra razón de compartir esta historia...

Ethan nació con un defecto cardíaco congénito que hizo más lento el alcance de hitos en su desarrollo. Sus retrasos en el habla y el lenguaje lo obligaron a requerir apoyo para participar plenamente en las actividades escolares y familiares. Ethan está creciendo con sus hermanos mayores que son gemelos. Ellos son firmes y seguros, por lo que Ethan tiene que hacer un mayor esfuerzo para que se escuche su voz.

Nosotras elegimos escribir esta historia porque Ethan es un firme defensor de sí mismo. Su familia ha aprendido a reconocer sus fortalezas y habilidades a medida que él mostró tener autoconciencia y aptitud. Ethan muestra cómo un niño puede seguir sus intereses, fortalezas y aptitudes para adquirir las habilidades necesarias para convertirse en un adulto autodeterminado.

Nosotras celebramos la historia de esta familia compartiéndola con usted.

~Jo, Vera and Mary

Una historia real que promueve
la inclusión y la autodeterminación

Finding My Way Books se dedica a celebrar el éxito de la inclusión al compartir historias acerca de niños con necesidades especiales en las familias y las comunidades.

www.findingmywaybooks.com

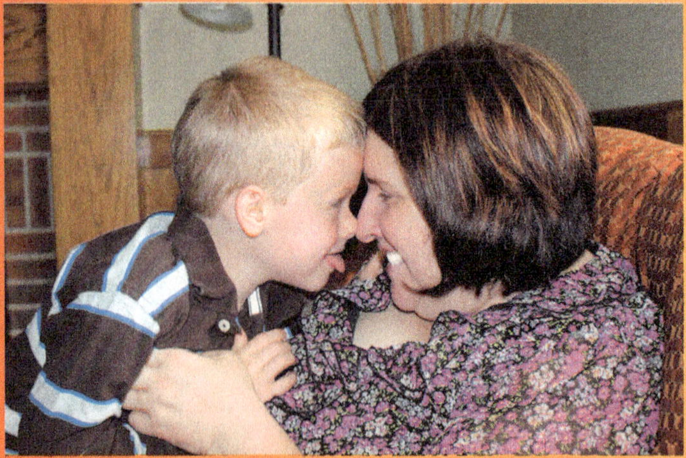

Mi nombre es Ethan.
En mi casa, yo soy el más pequeño.

Mi mamá me da muchos besos y mucho amor.

Joe y Jake son mis hermanos mayores.

A Joe y a Jake les gusta pensar en nuevas cosas que hacer.

Jake quiere un perrito.
Joe piensa que sería divertido tener un perrito.

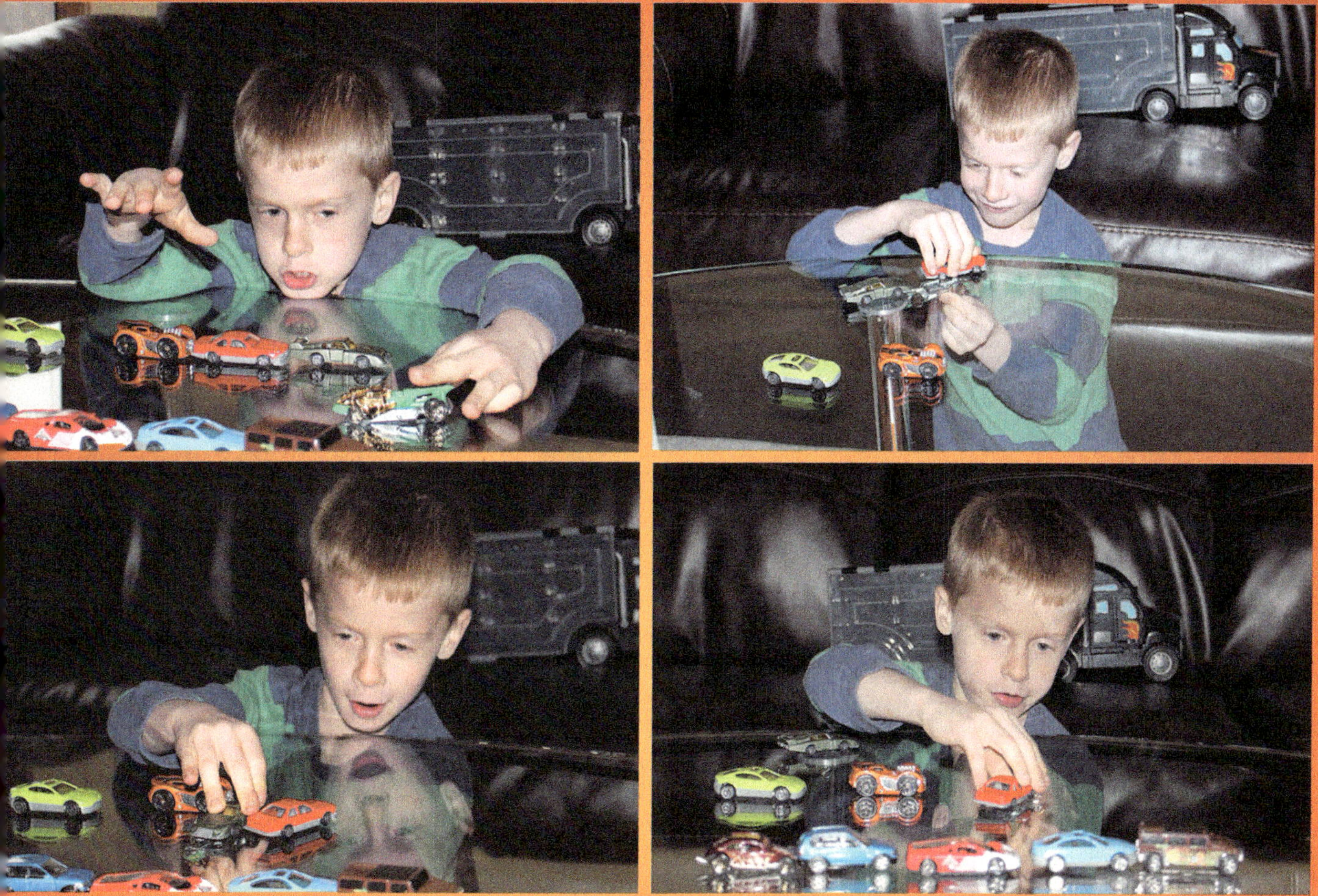

A mí me gusta jugar con autos.
Yo no sé si quiero un perrito.

Mamá y papá consiguieron una perrita
para Jake y Joe.
Su nombre es Emma.

Emma está asustada.
Ella llora.

Emma necesita ayuda para comer.

Emma necesita ayuda para salir a dar un paseo.

Emma necesita ayuda para salir afuera.

Emma necesita ayuda para jugar.
Uy, un cachorro necesita mucha ayuda.

Ayudar a Emma requiere mucho tiempo.
Joe dice, "Yo no estoy listo para cuidar a un perro".
Jake dice, "No puedo hacerlo".

Mamá les dice, "¡Ustedes querían esta perrita! No podemos devolverla".

Veo qué mamá está triste.

Me pongo a pensar en Emma y en mí.

A Emma le gusta dar besos.
A mí me gustan sus besos.

A Emma le gusta revolcarse.
A mí me gusta revolcarme.

Emma necesita estar al aire libre.
A mí me gusta estar al aire libre.

A Emma le gusta estar conmigo.
A mí me gusta estar con Emma.

Mamá me pregunta qué puedo hacer
para ayudar a Emma.

Yo le puedo dar comida y agua a Emma.

Yo puedo llevar a Emma a dar un paseo.

Yo puedo limpiar cuando Emma ensucia.

Yo puedo jugar con Emma.

Mamá me dice, "Gracias por ayudarnos con Emma".

Me alegro de que Jake y Joe quisieran un perrito.

Gracias a Ethan y a su familia por compartir su historia.

Índice de *Yo no sé si quiero un perrito*

Estimulando el desarrollo de la habilidad de autodeterminación en los niños

Nuestros libros están escritos en la voz real de un niño. El niño cuenta en su historia cómo está aprendiendo a ser más determinado por sí mismo.

A continuación algunos ejemplos de habilidades de autodeterminación:
- Libre elección
- Toma de decisiones
- Solución de problemas
- Establecimiento de metas y planificación
- Comportamientos de autonomía (autorregulación)
- Responsabilidad
- Independencia
- Conciencia y conocimiento de sí mismo
- Comunicación
- Participación
- Tener relaciones y conexiones sociales

Weir, K., Cooney, M., Walter, M., Moss, C., & Carter, E. W. (2011). Fostering self-determination among children with disabilities: Ideas from parents for parents. ***Madison, WI: Natural Supports Project, Waisman Center, University of Wisconsin–Madison.***

Guía para la familia sobre cómo promover habilidades para la autodeterminación

Fomente la autoconsciencia:

La familia de Ethan le dio la oportunidad de aprender algo nuevo acerca de sí mismo. Sin la oportunidad de que la perrita Emma viniera a vivir con su familia, Ethan no se habría dado cuenta de lo mucho que le gustaba cuidar a un perrito. Como resultado de esta experiencia Ethan aprendió algo nuevo sobre sí mismo y adquirió un nuevo interés. Ethan se veía a sí mismo como alguien que luchaba para decir lo que quería antes de que Emma llegara para ser parte de su vida. Cuando se dio cuenta de que podía ayudar a Emma, Ethan fue capaz de decirle a su mamá: "Yo puedo hacer esto".

Incentive la libre elección:

La elección de Ethan de ayudar a Emma fue reconocida cuando su madre le dio las gracias por ayudar. Ella le dio su opinión positiva de que estaba tomando buenas decisiones mientras cuidaba a Emma a lo largo del día.

Incentive la capacidad para solucionar problemas:

La madre de Ethan le preguntó cómo podía él ayudar a Emma. Esta simple pregunta motivó a Ethan a pensar qué podía hacer para ayudar a su familia a cuidar a Emma.

Incentive la toma de decisiones:

A Ethan no se le dijo que tenía que hacer cosas por Emma. A Ethan se le permitió tomar su propia decisión. Emma lo motivó a ayudarla cuando ella le mostró a Ethan cuánto le gustaba estar con él. Además, nadie en la familia lo disuadió diciéndole que no podía ayudar a Emma porque era demasiado pequeño.

Actividades para el aula: *Yo no sé si quiero un perrito*

1. Haciendo tareas del hogar:
Haga que cada estudiante comparta una tarea doméstica que hace en casa. En la historia, Ethan comparte cómo cuida a Emma.

2. Cómo hacer una tarea doméstica:
Completar una tarea doméstica involucra seguir muchos pasos. Cuando los hermanos de Ethan se dieron cuenta de todos los pasos que necesitaban seguir para cuidar a Emma, ya no quisieron hacerlo. Ethan mostró que a él le gustaba hacer todas las cosas que se necesitaban para cuidar a Emma, tales como alimentarla, sacarla a pasear y jugar con ella. Haga que cada estudiante elabore una lista de por lo menos tres pasos a seguir para realizar su tarea.

3. Fortalezas e intereses:
Haga que cada estudiante identifique al menos una cosa que le interese y una cosa en la que sea bueno. Pídales a los estudiantes que expliquen por qué son buenos haciendo su tarea doméstica. ¿Es debido a que están siguiendo sus intereses y fortalezas? En la historia, Ethan muestra que él es bueno cuidando a Emma porque les gusta hacer las mismas cosas (tienen intereses similares). A ambos les gusta dar besos, revolcarse, y estar al aire libre.

Jo Meserve Mach se desempeñó como terapeuta ocupacional por 36 años. Es una apasionada de la inclusión y el desarrollo de las habilidades necesarias para la autodeterminación y la independencia. Jo ve la inclusión desde una perspectiva funcional. Ella espera que estos libros compartan cómo los niños con necesidades especiales pueden estar activamente involucrados en su vida cotidiana. Incrementar la participación y la intervención de los niños y los jóvenes con discapacidades en las actividades familiares y comunitarias, enriquece la vida de todos. Ella cree que todos los niños tienen fortalezas increíbles que a veces sólo necesitan algunas adaptaciones ambientales para ayudarles a realizarse.

Vera Lynne Stroup-Rentier tiene 25 años de experiencia enseñando en las áreas de la Primera Infancia y la Educación Especial. Tiene un doctorado en Educación Especial de la Universidad de Kansas. Su trabajo actual como directora asistente del equipo estatal especializado en Primera Infancia, Educación Especial y Servicios de Profesionalización en el Departamento de Educación del Estado de Kansas le da la oportunidad de determinar y decidir sobre las políticas que afectan las vidas de los estudiantes con necesidades educativas especiales. Vera es una apasionada de la inclusión de todos los niños en lugares donde estarían si no tuvieran una discapacidad. Ella trae la perspectiva de la inclusión y la promoción de la autodeterminación de su trabajo con familias, profesores y terapeutas a lo largo de sus 25 años de carrera profesional. Criar a un adolescente y a un preadolescente con necesidades especiales enriquece su vida.

Mary Birdsell es una fotógrafa independiente y ex-profesora de expresión oral y teatro de escuela secundaria. Ella trae su talento en el arte y el diseño a nuestros libros. Mary se esfuerza por crear imágenes que reflejen las mejores cualidades de cada niño. Ella siente que una imagen puede proyectar la voz y las habilidades de un niño dentro de su ambiente. Su experiencia en la educación, el teatro y la fotografía se juntan al crear visualmente nuestros libros. Dentro de cada historia, ella utiliza colores y formas para promover el crecimiento del niño y el desarrollo de las habilidades necesarias para la autodeterminación, tal como se demuestra a través de cada historia.

Karen Díaz-Anchante tiene más de 20 años de experiencia enseñando lenguas – inglés en Perú, y español en los Estados Unidos. Tiene un doctorado en español en la especialidad de Literatura y Estudios Culturales Transatlánticos de Arizona State University. Actualmente es profesora universitaria de lengua, literatura y cultura hispanoamericana. Su interés por la traducción, la interpretación y la traductología la llevaron a involucrarse en el proyecto de traducir al castellano las historias infantiles que comparten los libros de Finding My Way Books. Como madre de dos niños pequeños, busca enriquecerse trabajando en proyectos con historias que promuevan el desarrollo de la autodeterminación, la personalidad y la independencia desde la primera infancia. Es también una ferviente creyente del efectivo poder de la lectura desde edad temprana.

Para más información
www.findingmywaybooks.com

Póngase en contacto con nosotros
findingmywaybooks@gmail.com

CPSIA information can be obtained
at www.ICGtesting.com
Printed in the USA
LVOW05s1033191115
463308LV00009B/29/P

9 780996 444